DEBUT D'UNE SERIE DE DOCUMENTS
EN COULEUR

CINQ MOIS

CHEZ LES

COLLECTIVISTES

Mes Déceptions — La Juiverie

PAR

Raymond LACAN

Ancien Secrétaire de la rédaction du *Réveil du Nord*

PRIX : **0,50**

PRÉFACE

Aux membres du Parti Ouvrier français je dédie cet opuscule.

Je me suis borné à rassembler certains actes de la vie publique de ceux qui, ouvriers ou bourgeois, nés dans les Flandres ou venus d'ailleurs, dirigent le mouvement social dans le Nord ; — cela, sans fouiller dans leur vie privée, sans me préoccuper des souvenirs qu'ils ont pu laisser dans les villes où ils ont joué un rôle, sans trahir les confidences dues à mes fonctions.

Par cette publication, j'ai voulu intéresser tous les électeurs que la passion n'aveugle pas, et montrer aux collectivistes où les mènent ces chefs que leur ignorance admirative place sur un piédestal.

Raymond **LACAN.**

Lille, le 26 Septembre 1898.

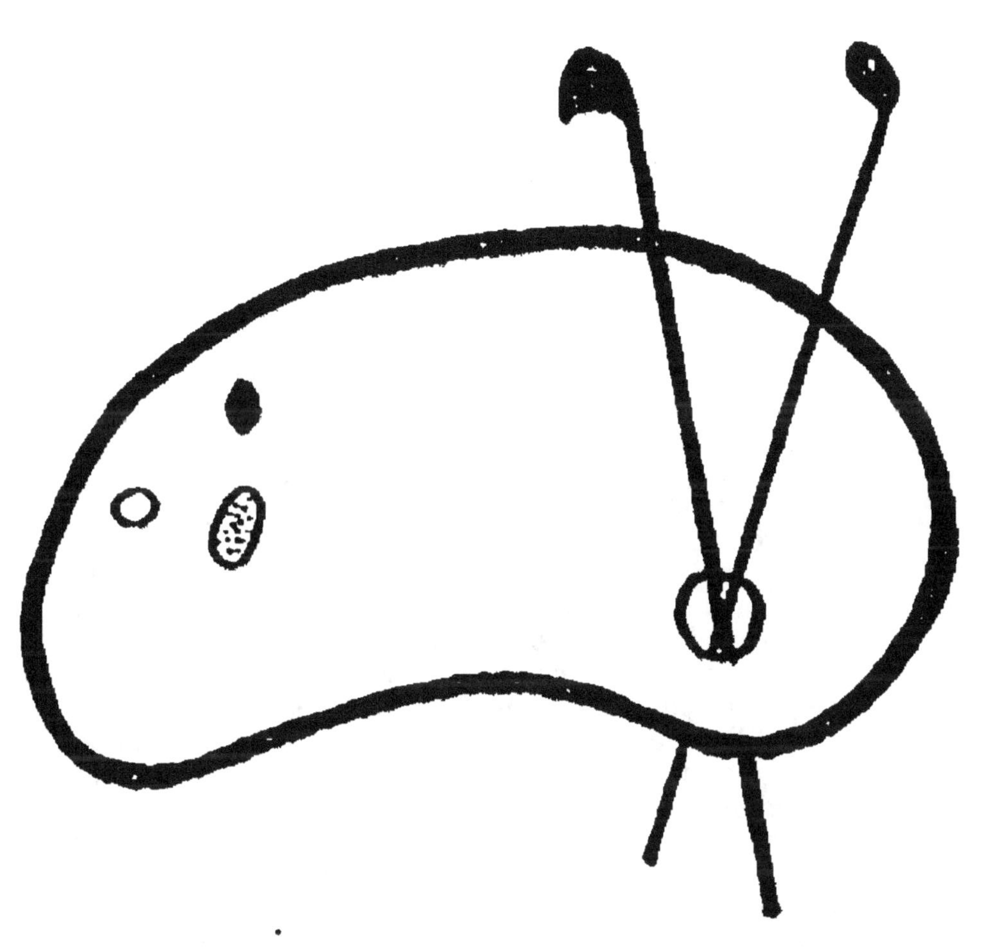

FIN D'UNE SERIE DE DOCUMENTS
EN COULEUR

CE QU'ÉTAIT " LE RÉVEIL DU NORD "

Chantage ou Inconscience — Mes Illusions

Journaliste sans journal, depuis quelques semaines, je fus informé dans les premiers jours de mars 1898 par le président des « Nouvellistes Parisiens », association de presse dont je fais partie, qu'on demandait un secrétaire de la rédaction au *Réveil du Nord* et que j'avais été proposé.

N'ayant jamais lu cette feuille, d'une importance relative, je n'en connaissais pas l'esprit mais je savais pourtant qu'elle paraissait à Lille dont elle soutenait la municipalité et qu'elle suivait, dans les questions de politique générale, les inspirations de M. Jules Guesde.

Un lillois, de passage à Paris, me fournit quelques renseignements : *Le Réveil du Nord* ou, plus simplement, *Le Réveil*, comme il disait, fut fondé, il y a dix ans, par des actionnaires mécontents d'un journal local, *Le Progrès du Nord*, avec une première mise de fonds de 10.000 francs.

Il défendit, d'abord, la politique radicale, tandis que son concurrent était considéré comme opportuniste ; mais la différence n'étant pas suffisamment sensible et, par suite, la clientèle ne venant pas, *Le Réveil* accentua sa note vers la gauche.

Il eut alors la bonne fortune d'être soutenu par le Syndicat des Mineurs du Pas-de-Calais dont il fut le véritable organe officiel. Son avenir parut assuré à jamais. Malheureusement, une grève éclata dans le bassin houiller et son échec frappa d'un coup terrible le Syndicat : *Le Réveil* ne reçut plus les subventions qui l'aidaient à vivre et il perdit, en même temps, de nombreux lecteurs — tous les mineurs que le découragement éloignait de la lutte sociale.

C'est à ce moment que le directeur, M. Delesalle, notable commerçant de Lille, acheva de perdre une situation déjà fort compromise : haineux, il crut pouvoir faire servir le journal à l'assouvissement de ses rancunes et tandis que les procès en dommages-intérêts vidaient la caisse, les lecteurs se faisaient de plus en plus rares.

Le Réveil ne gagnait certes pas en qualité ce qu'il perdait en quantité ; aussi, M. Delesalle accepta-t-il une combinaison qui devait, tout à la fois, assurer une clientèle au journal et servir ses ambitions politiques. M. Jules Guesde venait d'organiser dans le Nord, des groupes collectivistes: *Le Réveil* devint l'organe du Parti Ouvrier français, pour la région.

M. Delesalle suivit le mouvement ; et ce bourgeois qui, d'opportuniste était devenu radical, puis radical-socialiste, se fit collectiviste. N'ayant jamais joui d'aucune influence dans le monde où il était né, pas plus que dans celui où il avait évolué ensuite, il pouvait espérer devenir après avoir été accepté par les ouvriers — à bon droit méfiants — un des chefs ou même le chef du groupement politique auquel il apportait un élément de succès.

Certes, je n'étais pas collectiviste, mais, pénétré comme tout le monde des injustices sociales, la perspective de collaborer à un journal d'avant-garde n'était pas faite pour m'épouvanter.

Cependant, avant de prendre une résolution définitive je crus devoir me procurer une collection du *Réveil* et une collection de *l'Égalité* de Roubaix-Tourcoing (édition du *Réveil* fondée il y a quatre ans) ; je parcourus ces deux collections et entre autres attaques très violentes contre des personnalités, attaques qui me parurent être le genre de polémique adopté ; je remarquai, réunis sous la rubrique « Dans le monde bourgeois », deux articles d'une allure particulière.

L'Égalité du 19 janvier 1898, contenait ces quelques lignes que je crois devoir reproduire en m'en excusant auprès des personnes visées :

Que de choses se passent dans le monde bourgeois de Roubaix, que le public ne connaît pas !

Ainsi, il y a une huitaine de jours, un négociant très « honorable », connu sur place, a levé le pied en laissant un passif qui, d'après ce qu'on nous assure, s'élève à plus de 700.000 francs......

.•.

Mercredi dernier, le valet de chambre d'un des patrons qui habitent le boulevard de Paris a, lui aussi, levé le pied. Il n'avait point de dettes, mais il est parti en emportant un trésor : la jeune fille du patron en question, une demoiselle de dix-sept ans.

On ne sait où le couple se niche, mais tenez pour certain que, loin des richesses et de la maison somptueuse de son père, il est en ce moment heureux. -

N'est-ce pas que c'est chic dans le monde bourgeois de Roubaix !

A la lecture, ces deux petits filets me parurent surtout gros de menaces et je pensai qu'ils avaient été écrits par un de ces écumeurs de la presse (il en existe très peu, fort heureusement) flétris sous le nom de maitres-chanteurs. Je fus confirmé dans ma première impression par la lecture de la suite parue dans le numéro du lendemain, 20 janvier.

Il y était dit, en effet, sous la même rubrique « Dans le monde bourgeois » · :

On ne causait, hier, en ville, que de la fugue de la jeune fille du gros patron catholique du boulevard de Paris qui, comme nous l'avons annoncé, est partie avec le valet de chambre de son père.

On disait bien haut le nom et nous croyons ne plus être tenu à le cacher, c'est de M°° X... (le nom en toutes lettres) qu'il s'agit. La jeune fille serait revenue hier au bercail, d'après ce qu'on nous a dit.

.•.

On nous a dit aussi que le grand négociant dont nous annoncions la fuite, laissant un passif de 700.000 francs, n'est autre que M. Y... (le nom en toutes lettres)

Nous donnons d'ailleurs ce nom sous toutes réserves, et sommes prêts à rétracter si on nous prouve le contraire.

La dernière phrase me parut être un pur chef-d'œuvre du genre diffamatoire; mais il devenait évident pour moi que les bourgeois mis en cause n'ayant pas « marché », on « cassait le morceau », comme on dit chez les escarpes.

La première note n'avait pas amené d'argent, la deuxième amena du papier timbré, car on pouvait lire dans *L'Égalité* du 21 janvier :

L'Égalité de mercredi et de jeudi dernier s'étant fait l'écho de bruits qui couraient à Roubaix, dans tous les milieux, au sujet du départ d'une riche héritière, Mme X... (le nom en toutes lettres), celle-ci et son père assignent notre gérant et la société anonyme du journal, en 100.000 fr. de dommages-intérêts.

M. X... (le nom en toutes lettres), au contraire, aurait dû nous adresser des remerciements pour avoir porté à sa connaissance une rumeur aussi préjudiciable à l'honneur de sa famille.....

C'était de plus en plus fort, comme chez Nicollet.

Du coup, je considérai *Le Réveil-Égalité* comme une sorte de feuille à chantage, et de même que j'aurais refusé de collaborer à *La Lanterne*, quand M. Mayer la dirigeait, ou bien au *XIXe Siècle*, avant la fuite de Portalis, de même je fis parvenir aux « Nouvellistes Parisiens » un refus motivé.

Quelle ne fut pas ma surprise quand, peu de jours après, je reçus d'un confrère, en qui j'avais toute confiance, une lettre m'assurant que je m'étais trompé dans mes appréciations sur *Le Réveil*, et qu'il n'y avait qu'inconscience là où j'avais cru voir une canaillerie ; il insistait pour me mettre en rapport avec le mandataire du journal, Me Dazet, avocat, celui qui s'est comporté récemment vis-à-vis de M. Hubbard comme le plus dévoué des amis — comme un ami de la main droite.

J'acceptai, par égard pour l'ami commun, de voir Me Dazet, et ce dernier, d'un abord sympathique, d'une conversation agréable, me conquit peu à peu ; mes préventions tombèrent, naturellement, lorsqu'il me déclara que mon prédécesseur, M. Hennequin, s'était précisément rendu impossible en laissant passer des attaques contre des personnalités.

Il me cita même, avec une émotion d'honnête homme indigné, les articles reproduits plus haut et triompha ainsi de mes dernières hésitations.

Quant aux conditions pécuniaires de ma collaboration, elles furent réglées d'autant plus facilement que je les connaissais déjà ; Me Dazet me les confirma en ajoutant qu'on avait donné à mon prédécesseur, sans attendre même sa réclamation, les trois mois d'indemnité qu'il est d'usage d'octroyer aux journalistes qui ont cessé de plaire.

Évidemment, j'allais me trouver — pouvais-je croire — avec de braves gens qui ne demanderaient pas mieux que d'apporter dans leurs polémiques la bonne foi et la loyauté dont ils faisaient preuve vis-à-vis de leurs collaborateurs. J'entrevoyais dès lors le but à poursuivre : transformer *Le Réveil* — puisqu'on paraissait le désirer — en journal honnête qui, dans l'ardente mêlée des partis, n'abandonnerait jamais le solide terrain des principes et s'abstiendrait soigneusement de franchir ce que feu Guilloutet appelait d'une façon si pittoresque « le mur de la vie privée. »

Le mandataire du *Réveil* m'invita à faire connaître mon acceptation au directeur M. Delesalle et au rédacteur en chef M. Siauve-Evausy, ce que je fis le jour même. Ne recevant pas de réponse, j'envoyai une deuxième lettre puis, et sans plus de succès, plusieurs télégrammes avec réponse payée.

Comme Me Dazet avait, sur ces entrefaites, quitté Paris, je pris le parti, — ne sachant à quoi attribuer ce silence obstiné — de faire le voyage de Lille ; du reste, je devais prendre mon service le 1er avril et la fin du mois de mars approchait.

A LILLE

Le café des Voyageurs — M. Delesalle
M. Siauve-Evausy — M. Welhoff

J'arrivai à Lille dans la nuit du 27 au 28 mars ; et comme je ne connaissais pas la ville, je descendis dans le premier établissement qui m'apparut à la sortie de la gare. C'était le café des Voyageurs, 32, rue de Tournai, tout à la fois café, restaurant, hôtel à la nuit et à l'heure, rendez-vous des chefs du parti collectiviste.

Cet établissement n'est pas comme les peuples heureux : il a une histoire. Certain jour où la municipalité devait offrir un champagne d'honneur à MM. Liebnecht et Bebel, de passage à Lille et se rendant à un congrès socialiste tenu à Londres, la population fut conviée par un manifeste, œuvre de M. Siauve, à se rendre à la gare pour acclamer les deux députés prussiens ; la foule des manifestants fut, en effet, plus considérable qu'on eût pu le prévoir, mais elle couvrit de huées ses hôtes de rencontre et démolit le café des Voyageurs considéré comme le siège permanent du Comité qui avait organisé la réception.

Dans une des salles du café, on peut admirer la scène telle que l'a reproduite un artiste : le patron contemple, impassible, les patriotes furieux — tel Bonaparte gravissant le Saint-Bernard, est représenté calme sur un cheval fougueux !

Ma première impression, en entrant dans le lieu historique, fut plutôt pénible ; aussi, traversant rapidement la salle du bas, je montai me coucher, les oreilles encore pleines du bruit des disputes de gens ivres...

Le lendemain, je me levai de bonne heure, impatient d'entendre la voix de ceux dont je n'avais pu voir l'écriture. Je pris une voiture et me fis conduire chez M. Delesalle, fabricant de papiers peints, 18, rue des Chats-Bossus et 17, rue des Jardins ; mais je fis la navette plusieurs fois entre ces deux maisons sans pouvoir rencontrer celui que je cherchais. Enfin, comme je commençais à me fâcher, son frère daigna m'exprimer ses vifs regrets et m'assura que M. Delesalle, adjoint au maire, se trouverait à midi à la mairie où, prévenu, il m'attendrait.

Je fus — cela va sans dire — exact au rendez-vous et ne tardai pas à être introduit dans le cabinet de celui après qui je courais depuis le matin, c'est-à-dire du directeur du *Réveil du Nord*, conseiller intime du maire, M. Delory, plus maire que lui.

M. Delesalle s'excusa aussitôt d'un ton bonhomme, expliquant qu'il attendait, pour *m'écrire*, la constitution d'une société qui devait commanditer le journal.

Scripta manent......

« Ce n'est qu'un retard de quelques jours, ajouta-t-il, les signatures seront échangées à la fin de la semaine. »

Et, comme je lui faisais remarquer que M. Hennequin quittant son service le 1er, devait être remplacé tout de suite. il me répondit visiblement gêné :

« Certainement ; mais voyez M. Siauve, c'est surtout lui qui s'occupe de la rédaction. »

J'observais cet homme pendant qu'il parlait sans oser me regarder en face et je devinai de suite, j'ose le dire, le caractère de celui que le rédacteur en chef du *Progrès* a appelé « le Jésuite rouge. »

M. Siauve, chez qui je me rendis ensuite, me parut, au contraire très ouvert; méridional, mon confrère a l'exubérence de son pays. J'ai pu l'apprécier plus tard; il a, comme beaucoup, malheureusement, le défaut de ses qualités et est — comment dirai-je? — un peu *mauvaise langue*. Bon orateur, paraît-il, il est aussi, je le reconnais volontiers, polémiste de talent — il le sait, du reste, et celui qui lui dirait tous les jours, que les lillois sont pleins d'admiration pour son bulletin paru le matin, obtiendrait tout ce qu'il voudrait. Mais, son bulletin donné, il agirait sagement en laissant le secrétaire de la rédaction se débrouiller pour le reste; car, n'ayant pas du tout le sens du journalisme, il est parfaitement capable de passer sous silence un événement important qui gêne sa politique, de dénaturer complètement le sens d'une manifestation ou bien de faire manquer un courrier pour une question de caractères à changer; il peut aussi, sans s'en douter, blesser toute une catégorie d'amis, et surtout éloigner par des campagnes impopulaires et maladroitement menées, ceux qui auraient pu devenir des lecteurs.

Le rédacteur en chef du *Réveil* me fit le plus aimable accueil; nous causâmes métier, je lui fis connaître quelques modifications de mise en page qui me paraissaient nécessaires pour rendre le journal plus intéressant et il parut enchanté.

Bref, sur ses instances, je consentis à rester à Lille avec les appointements de mon prédécesseur, appointements qui devaient être élevés au chiffre promis par Me Dazet, dès la constitution de la Société, c'est-à-dire, m'assurait-il, lui aussi, très prochainement.

Le soir, dans un café de la Grande-Place, je fis la connaissance de l'administrateur du *Réveil*, M. Welhoff; j'appris d'un cicérone obligeant que ce fils d'Israël était l'*Éminence Grise* de M. Delesalle, qui l'avait obligé dans une circonstance délicate, et qu'il attendait, de lui, la recette municipale de Lille — ce qui est une ponne bedide blace.

EN FONCTION

**Les bureaux du " Réveil " — Le personnel et les
finances municipales — Premières déceptions**

Dans une deuxième entrevue — celle-ci au café des
Voyageurs, naturellement, — M. Siauve me confirma,
de la part de M. Delesalle, nos conventions verbales.

Verba volant......

Il fut convenu, une fois de plus, que je rentrerais en
fonction le 1er avril.

Mon directeur, qui arriva sur ces entrefaites, demanda,
entre deux chopes, si nous étions bien d'accord, puis me
serra la main et partit en me criant : « Bonne chance ! »

Au jour fixé, c'est-à-dire le surlendemain, je me
présentai 28, rue de Fives, au siège du *Réveil* et, certes,
ma surprise fut grande à la vue de l'installation défectueuse
de ses bureaux ; car, j'estimais, dans ma naïveté disparue
depuis, qu'un journal socialiste avait le devoir rigoureux
de réunir pour son personnel les conditions d'hygiène
exigées, à bon droit d'ailleurs, des patrons d'usine.

Au fond d'un long et étroit couloir — jamais éclairé
la nuit — s'ouvre la salle de composition plus ou moins
bien aménagée pour recevoir aussi le clichage et les
machines ; à l'entrée de cette salle on a installé une sorte
de bureau plus que rudimentaire, sans air, aux murs
nus — c'est la rédaction où travaillent (plus de huit
heures par jour, croyez-le bien) le secrétaire et ses
collaborateurs, où sont reçus ceux qui ont des confidences
à faire, des plaintes à formuler, des conseils à demander,
de la bile à déverser.

Le cabinet du rédacteur en chef communique avec la
salle de rédaction ; s'il n'est pas plus aéré, il est propre,
du moins, et a même des allures de boudoir avec ses
portes recouvertes de tentures orientales.

C'est là que, solennellement, remise du service me fut

faite et que les rédacteurs me furent présentés, aussi bien ceux de *L'Egalité* à demeure à Roubaix que ceux du *Réveil.*

Je savais déjà que M. Welhoff ne touchait rien à la caisse de l'organe officiel de la municipalité, ses appointements, à la mairie, ayant été élevés en conséquence ; j'appris, le jour même de mon entrée en fonction, que M. Morel, alors gérant du journal, — ce qui n'est pas une sinécure — devait consacrer toutes ses soirées à la rédaction, allant chercher des hors sacs à la gare, faisant des courses, etc., or, il ne touchait pour sa gérance et son travail que la somme minime de cinq francs par semaine ! mais il était, lui aussi, employé à la mairie, et démissionner du *Réveil* c'était perdre l'emploi municipal qui lui permettait de vivre ; le malheureux se bornait donc à exposer ses doléances à tous ceux qui paraissaient devoir s'intéresser à lui.

Le même jour, je fus avisé qu'un autre employé de la mairie, M. Delvoye, allait être attaché à la rédaction comme correcteur, — ce qui fut fait, du reste ; — il était dispensé de son service du matin à la ville à condition de collaborer au *Réveil* le soir.

Enfin, plusieurs amis politiques casés à la mairie, où ils occupaient les postes les plus divers, se considéraient comme obligés de collaborer gracieusement à l'organe de la municipalité.

Cette façon de faire payer les rédacteurs par les contribuables lillois me surprit péniblement ; mais je n'étais pas au bout de mes déceptions.

J'apprenais bientôt, en effet, que tout le travail en vue des élections, — adresses, mise sous enveloppe des circulaires, etc., — dont se préoccupaient déjà, à bon droit, les collectivistes, était assuré à ces derniers par les employés de la mairie.

Ce fait me paraît être le secret de Polichinelle, à Lille ; cependant jamais un membre de la minorité républicaine du Conseil n'a interpellé le Maire à ce sujet et le Préfet du Nord, de son côté, qui a le devoir d'éplucher le budget municipal, n'a jamais, à ma connaissance, fait remarquer à M. Delory qu'il se rendait coupable de graves virements de fonds.

Mais, je n'étais pas au bout de mes déceptions, car

j'apprenais le même jour qu'un enfant travaillait dans les bureaux de *L'Égalité*, à Roubaix et — fait scandaleux — que son service commençait à six heures du matin pour ne finir qu'à neuf heures du soir.

Ces Messieurs achevèrent de m'édifier sur leur délicatesse par une manœuvre, la pire des manœuvres patronales, dirigée contre moi : j'étais à peine installé lorsque M. Siauve m'invita, de la part de M. Delesalle, à envoyer à ce dernier une belle lettre pour lui annoncer qu'en cas de renvoi je ne lui réclamerais aucune indemnité.

Cette renonciation à des droits imprescriptibles, le tribunal ne veut jamais la connaître, Mᵉ Dazet, conseil du *Réveil* ne l'ignore pas; je crus inutile de la rédiger et restai, quand même, dans ce milieu nouveau pour moi, où il y avait si loin des paroles aux actes, et où je devais faire une étude tout à la fois intéressante et utile.

L'AFFAIRE DREYFUS

Une victime — Caractéres neufs

Le secrétaire de la rédaction est, tous les professionnels en conviendront, l'homme le plus considérable d'un journal sans en excepter le rédacteur en chef; combien peu, en effet, pèse dans l'esprit du lecteur un bulletin politique auquel il ne s'arrête que s'il a du temps de reste, à côté d'informations qu'il a hâte de parcourir — informations choisies avec soin et présentées sous un jour voulu ?

L'affaire Dreyfus battait son plein : M. Zola condamné par la Cour d'Assises de Paris était à la veille de comparaître devant la Cour d'Assises de Versailles. Les circonstances m'amenaient donc, moi, patriote (au *Réveil* on dit *pitriote* — l'i remplaçant l'a donne, paraît-il, au mot, une signification de mépris) patriote et anti-dreyfusard dis-je, à donner le *la*, si je peux m'exprimer ainsi, dans un journal dreyfusard.

Ma résolution fut de suite prise ; conserver dans le débat qui passionnait le pays la plus stricte neutralité et ne jamais, surtout, laisser passer d'informations « tendancielles » c'est-à-dire de ces informations plus ou moins fausses qui doivent faire sur l'opinion publique l'impression recherchée.

J'exposai ma manière de voir à ce sujet à M. Hennequin, mon prédécesseur, dont j'avais fait la connaissance.

— Comment, m'interrompit-il étonné, vous n'êtes donc pas dreyfusard ?

— Ma foi, non ; je suis de ceux qui se refusent à croire qu'un Conseil de guerre a pu juger par ordre ; de plus, je ne vois pas la nécessité de chambarder l'état-major général et d'amoindrir le prestige que notre armée a conservé vis à vis de l'Europe. Enfin, j'estime qu'on ne doit pas céder devant les injonctions insolentes des juifs, des anarchistes et de leurs alliés les Trarieux et les Yves Guyot.

— Très bien ! Très bien ! Mais, vous ne ferez pas de vieux os ici. M. Welhoff vous brisera comme il m'a brisé ; ils n'ont rien à lui refuser. *Le Réveil* a déjà obtenu par lui pas mal de choses, et on attend le gros morceau, la commandite.

— Cependant, on m'a donné de votre renvoi un motif, l'affaire X...

— Prétexte : la vraie raison est que, ne voulant pas me prêter à leurs combinaisons, je les gênais.

Cette conversation, que je reproduis à peu près textuellement, se tenait à l'estaminet des *Trois Huit*, dans la maison même du *Réveil* ; car, au rez-de-chaussée, faisant vis à vis aux bureaux de l'Administration du journal, on débite des verres de genièvre aux militants du Parti Ouvrier qui viennent voir, soit les rédacteurs, soit le maire, M. Delory, dont le logement occupe le premier étage.

Me Dazet, trompé lui-même, m'avait-il induit en erreur ? Pouvait-il connaître si peu ses amis ?

Je demandai, le soir même, des explications à M. Siauve qui fit son possible pour me rassurer ; mais, je restai plein d'inquiétude.

Une enquête à laquelle je me livrai, les jours suivants, me permit de contrôler les dires de M. Hennequin ; en effet, le rédacteur qui, de Roubaix, avait envoyé la diffamation concernant Melle X... n'avait pas été inquiété, pas plus, du reste, que son camarade de Lille chargé de la lire et qui, on ne l'ignorait pas, en avait apprécié l'intérêt et le caractère.

J'appris, d'autre part, que trois mois d'indemnité n'avaient été accordés à mon prédécesseur que parce qu'on craignait, en le lésant dans ses intérêts, de le voir fonder un journal concurrent.

Enfin, mon enquête se poursuivant, je reçus la confidence qu'après deux ans de collaboration, M. Hennequin ne touchait même pas les appointements qui lui avaient été promis pour ses débuts ; les autres rédacteurs attendaient encore, eux aussi, que la direction voulût bien tenir des engagements formellement pris ; de malheureux correspondants réclamaient vainement, à défaut d'une raisonnable rémunération, le remboursement de frais.

On objectait à tous qu'il n'y avait pas d'argent en caisse et on se croyait quitte ensuite vis-à-vis d'eux, dédaignant de leur témoigner, même en paroles, la moindre reconnaissance.

Cependant une grosse dépense avait été faite — coïncidence bizarre — au moment même du renvoi de M. Hennequin ; des caractères neufs avaient été achetés.

Quand ils arrivèrent à Lille je me trouvais déjà au *Réveil ;* et, nous pûmes nous en servir dès le 18 avril.

Peu de temps après, l'administration pouvait rembourser une somme importante qu'avait avancée un ami politique......

LES ÉLECTIONS LÉGISLATIVES

**Choix des candidats — Alliance radicale-socialiste
Les résultats**

Ma résolution relativement à l'affaire Dreyfus, fut scrupuleuemnt tenue et je n'hésitai pas, certain soir, à jeter au panier une information émanant d'un membre du comité de direction du journal — information qui devait faire croire à nos lecteurs que le commandant Esterhazy, pris de remords, était entré dans un couvent.

Du reste, le cours des préoccupations changea bientôt, car les élections législatives approchaient.

Au Congrès où furent discutées les candidatures, une méfiance très marquée se manifesta parmi les ouvriers, et plus particulièrement parmi les militants de la première heure, contre les collectivistes d'origine bourgeoise ou « redingottistes » ; ces derniers ont beau se recommander du *prolétariat intellectuel*, les travailleurs manuels les considèrent, quand même, comme des transfuges de la classe ennemie guidés par la seule ambition.

Sur les huit circonscriptions de l'arrondissement de Lille, trois avaient des candidats naturellement désignés : MM. Jules Guesde, député sortant, pour la 7e ; Moreau, ancien député radical de la 6e qui, par conviction ou habileté avait adhéré au Parti Ouvrier ; le colonel Sever, député sortant de la 3e qui, lui, avait lâché ses amis en pleine session, sans crier gare, et qu'on accueillait à bras ouverts pour « encourager les… adhésions », comme disait M. Delesalle avec un sourire énigmatique.

Des cinq candidats à choisir, quatre furent des travailleurs manuels : MM. Dupied, pour la 1re circonscription, Ghesquière pour la 2e, Sohier pour la 4e, Samson pour la 5e.

M. Devraigne, ancien professeur d'agriculture, employé à la mairie — redingottiste, par conséquent — fut choisi, grâce à l'intervention de son ami M. Welhoff, pour la 8e, c'est-à-dire à Tourcoing, contre MM. Dron, député radical sortant, et Masurel, patron d'usine, républicain.

Une alliance avec les radicaux avait produit d'heureux résultats à Lille, sur le terrain municipal ; M. Siauve se fit auprès de M. Delesalle, l'avocat de cette alliance sur le terrain législatif pour l'arrondissement et même pour toutes les circonscriptions où le Parti Ouvrier avait des candidats.

M. Delesalle en comprit la nécessité, et *Le Réveil* essaya de l'imposer aux électeurs collectivistes ; d'autre part, M. Robert, rédacteur en chef du *Progrès*, préconisa la même tactique, la mort dans l'âme, résolu d'avance à toutes les compromissions afin d'obtenir, au ballottage, l'appui des électeurs de M. Devraigne pour M. Dron, nouveau propriétaire du journal qui, après une crise, était devenu radical, — les deux confrères se concertèrent presque tous les jours verbalement, soit dans un café de la Grand'Place, soit par téléphone, et poussèrent la correction jusqu'à se communiquer des épreuves d'articles ou de comptes-rendus.

De leur côté, les républicains libéraux, avec *La Dépêche*, et les républicains de gouvernement, avec *L'Echo du Nord*, s'unirent pour lutter contre l'alliance radicale-socialiste et choisirent pour les représenter dans les 1re, 2e et 3e circonscriptions, MM. Barrois, Loyer et Rogez ; tandis que l'Union Sociale et Patriotique, de Roubaix, acclamait son fondateur, M. Motte, comme le champion qui devait faire mordre la poussière à M. Guesde.

Les collectivistes ne négligèrent rien pour remporter la victoire, vidant leur caisse péniblement alimentée par des cotisations mensuelles de 0,20 centimes, se faisant aider tout à la fois par les Juifs et par les coopératives ouvrières, couvrant les murs d'affiches, distribuant des brochures et, surtout, organisant réunions sur réunions ; tous les jours *Le Réveil* était encombré de comptes-rendus rédigés par les orateurs eux-mêmes, où il n'était question que de leur éloquence et des milliers d'auditeurs qui les avaient acclamés.

Mais le gros effort du Parti Ouvrier se porta sur Roubaix où le drapeau était tenu par M. Guesde luttant contre le plus puissant industriel du Nord, celui-là même qu'il n'avait pas craint d'appeler, à la tribune du Parlement, un assassin d'enfants.

La campagne, à mon avis, fut maladroitement menée.

Les collectivistes, en effet, ne peuvent guère parler de la société de leur rêve ; car, poussés à bout, ils sont obligés de convenir que cette société ne pourrait durer qu'avec des membres également sages, qui consentiraient à aliéner leur liberté — tout cela, pour assurer à chacun la pâtée quotidienne que quelques réformes peuvent donner. Ils en sont donc réduits à étaler les plaies sociales, à mettre à nu les misères et les souffrances, par suite, — l'antithèse s'impose, — à faire un parallèle saisissant entre les pauvres et les riches.

Mais encore faudrait-il ne pas noircir à plaisir ceux à qui le travail, de pénibles économies ou même le hasard de la naissance ont donné la fortune ; pourquoi agir comme si on était moins compatissant pour le malheur des uns qu'envieux du bonheur réel ou apparent des autres ?

Les injures proférées contre M. Motte, que ses huit mille ouvriers savaient bon patron, respectueux de toutes les opinions, produisirent une réaction en sa faveur ; d'autre part, M. Farjat, rédacteur à *La Petite République*, venu pour mener la campagne, eut l'idée malencontreuse de reprocher à l'adversaire de M. Guesde ses usines en Pologne, alors que le grand désir des roubaisiens est d'y aller afin de toucher de plus gros appointements.

Quoiqu'il en soit, dans la semaine qui précéda le scrutin, l'échec était craint et après la dernière réunion, à l'Hippodrome, il ne faisait plus de doute.

Le 8 mai, jour de la première bataille, arriva enfin, ne laissant debout que MM. Ghesquière, Sever et Devraigne ; soirée inoubliable où parvinrent, coup sur coup, les pires nouvelles, aussi bien de l'arrondissement que du département et des autres régions de la France !

Le Parti Ouvrier n'avait pas un seul élu dans le Nord ; et les dépêches se succédaient, nous apprenant la défaite des meilleurs parmi les militants socialistes : des Jaurès, des Gérault-Richard, à qui leur campagne en faveur de Dreyfus avait porté malheur.

Mais le coup le plus terrible fut celui que porta à tous

l'annonce de l'échec de M. Guesde et de l'énorme majorité de M. Motte ; certes, on ne songea pas tout d'abord à discuter la validité de l'élection, on ne chercha qu'à expliquer les résultats : M. Guesde avait négligé sa circonscription, — les ouvriers auraient préféré Carrette, etc.

Et pendant que les commentaires allaient leur train, que les récriminations se croisaient, que les responsabilités de la défaite étaient rejetées des uns aux autres, de longues files de militants, accourus de la *Maison du Peuple* où on leur avait communiqué les fâcheuses nouvelles, m'interrogeaient, ne voulant pas y croire, et le désespoir de ces convaincus, de ces lutteurs était navrant.

Au dehors, une foule exaspérée hurlait l'*Internationale* ou l'*Insurgé* et, comme je sortais, pour contempler le spectacle, une voix, dominant les clameurs, cria : « Il faut que j'en *crève* un... »

Hélas ! nous apprenions, le surlendemain, qu'un brave homme, partisan de M. Motte, M. Desmet, employé de commerce, avait été crevé à Roubaix, par un fanatique qui n'était pas même électeur, tandis que quarante-deux porteurs de bulletins, au service de l'Union Sociale et Patriotique, étaient en traitement à l'hôpital, à la suite de blessures reçues.

Mais bientôt on se préoccupa d'atténuer, dans une certaine mesure, par des succès de ballotage, le désastre du premier tour de scrutin.

Il fut convenu, tout d'abord, que M. Devraigne se retirerait devant M. Dron ayant obtenu plus de voix que lui, et MM. Tribourdaux et Debierre, candidats radicaux, devaient être invités à leur tour à se retirer devant MM. Sever et Ghesquière.

Conseiller de voter pour M. Ghesquière, c'était déjà dur pour *Le Progrès*, mais conseiller de voter pour le colonel Sever, tant de fois traité de renégat, c'était boire le calice jusqu'à la lie. Cependant, M. Dron n'avait quelques chances qu'au prix de ce sacrifice.

On chercha des combinaisons reposant toutes sur le retrait de la candidature Sever et il fut question, pour le remplacer, de M. Guesde dont les socialistes de *La Petite République* paraissaient se désintéresser, ne songeant qu'à M. Jaurès, puis de M. Siauve avec qui M. Robert a de cordiales relations ; mais, M. Delesalle, de plus en plus désireux « d'encourager les... adhésions », se montra intraitable.

Peut-être ne voulait-il pas, comme député de Lille, d'une personnalité qui eût pu lui porter ombrage ? Le Jésuite rouge garde ses secrets...

L'alliance fut donc mal scellée par les généraux et les troupes suivirent plus mal encore les conseils intéressés qu'on leur donna : MM. Ghesquière, Sever et Dron furent rendus à leurs chères études.

Comme épilogue, la section tourquennoise du Parti Ouvrier, qui voulait combattre M. Dron quand même, et qui aurait continué la lutte au second tour si on ne lui avait pas raconté que la caisse était vide, ne tarda pas à se constituer en groupe révolutionnaire indépendant.

REPRÉSAILLES

« Scandales cléricaux » — Mes protestations

J'ai dit comment les ouvriers collectivistes avaient, en apprenant la défaite de leurs candidats, exhalé leur mauvaise humeur : ils avaient crié, le soir même, menacé, et l'un d'eux, fanatisé plus que les autres par des discours ou des articles haineux, s'était rendu coupable d'un meurtre. Mais, il est entendu que les condamnés ont vingt-quatre heures pour maudire leurs juges.

M. Delesalle, lui, toujours à l'écart des bagarres où il y a des horions à recevoir, rumina des représailles et, étant de l'école de cet empereur romain, qui préférait savourer froide la vengeance, il ne servit la sienne que le 26 mai dans les colonnes du *Réveil*.

Il *creva* un bourgeois à sa façon. Après un préambule

qui avait la prétention de justifier la diffamation ou, du moins, de plaider les circonstances atténuantes, il continuait, sous le titre : « Scandales cléricaux ».

Nous déshabillerons vos hommes, et quand nous les aurons étalés tout nus sur la table où, devant le public, nous disséquerons leur vertu, vous verrez ce qu'il en restera.

Que ne nous avez-vous cité, hier, l'aventure d'un de vos meilleurs partisans, docteur en vedette dont s'honore votre Faculté Catholique, qui a surpris sa femme dans un appartement de la rue Saint-Augustin en conversation plutôt tendre... avec qui ? avec un avocat non moins bien pensant, son ami et son collègue en cléricalisme.

Des renseignements suivaient, permettant de reconnaître les personnes visées.

Cet article fut fort commenté à la rédaction, et, comme je ne cachais pas mon étonnement qu'une insulte aussi sanglante, lancée contre une femme, ne fût pas signée du nom d'un homme que le mari pourrait retrouver, on me raconta que M. Delesalle ne signait jamais ces sortes d'articles et qu'il entrait dans les attributions du rédacteur en chef d'en assumer la responsabilité morale.

Le lendemain soir, Mᵉ Boyer-Chammard, avocat, mandataire des personnes diffamées, se présenta aux bureaux du journal où, en l'absence de M. Siauve, je le reçus moi-même ; il apportait le texte d'une rétractation à insérer sous menace d'un procès ; je lui fis un accueil simplement correct, convaincu que nous avions cent fois tort et honteux d'être mêlé à pareille aventure, mais ne pouvant faire connaître mes véritables sentiments.

M. Delesalle, que j'envoyai prévenir aussitôt, fit paraître la rétractation, afin de pouvoir l'accompagner de commentaires, méchants même pour M. Boyer-Chammard :

Nous serions curieux de savoir, disait-il, au nom de qui Mᵉ Boyer-Chammard a fait son étrange démarche.

En son nom ? mais à quel titre ? Il ne se classe pas, croyons-nous, au nombre des disciples d'Hippocrate et n'a pu, par conséquent, se reconnaître dans notre Sganarelle bien pensant. D'autre part, nous ne le voyons pas bien déguisé en blanche colombe descendant sur l'épouse d'autrui et procréant le fils de Dieu.

. . . .

Sa froide vengeance, le « Jésuite Rouge » la savourait par tranches ; car il retournait, le 29 mai, une fois de plus le fer dans la plaie par un article contenant ces mots :

Et maintenant que les faits sont acquis, nous n'avons nulle intention de les ressasser éternellement et de renouveler complaisamment les angoisses provoquées par nos révélations.

Ces angoisses — les hommes qu'il poursuivait de sa rage pouvaient les lui faire éprouver en faisant couvrir de boue une personne aimée, tout aussi innocente, sa mère, par exemple ; — ils pouvaient aussi lui casser sur la tête plusieurs douzaines de cannes ou bien encore — ce qui était beaucoup plus difficile, j'ai dit pourquoi — lui traverser la gorge d'un bon coup d'épée.

Mais chacun est juge des moyens à employer pour venger son honneur ; ces Messieurs préférèrent s'adresser aux Tribunaux de qui ils obtinrent, du reste, une éclatante réparation, aussi bien par le chiffre des dommages-intérêts que par la nature des considérants.

La femme insultée se contenta elle aussi de cette réparation n'ayant pas l'énergie farouche d'une Mᵐᵉ Paulmier.

***

" BAGNE " COLLECTIVISTE

Surmenage — Mise-à-pied d'un rédacteur
Une grève de typos

J'avais dit nettement à M. Siauve ce que je pensais des derniers articles diffamatoires ; aussi, ne fus-je plus, dès lors, *persona grata*.

La cordialité des rapports n'existant plus, l'existence devenait intolérable au *Réveil*, journal où on est bien moins payé que chez les confrères et où, d'autre part, vu le nombre très restreint de collaborateurs, on travaille beaucoup plus.

Je ne veux pas jeter en pâture à la curiosité malsaine

des fournisseurs le chiffre des traitements de mes anciens camarades, mais je crois pouvoir signaler le surmenage dont ils sont victimes.

L'un d'eux, que son service met dans l'impossibilité de se coucher avant trois heures du matin, est obligé de se trouver le lendemain à l'ouverture des audiences correctionnelles, c'est-à-dire de reprendre la tâche journalière à midi. Que nous sommes loin des trois huit !...

Ce même rédacteur se vit, en juillet, au moment de la grève de la maison Casse, à Fives, infliger une *mise-à-pied* de trois jours. Oui, une mise-à-pied parce que, à la suite d'un retard, justifié du reste, il avait reçu avec humeur — paraît-il — les observations de son rédacteur en chef.

Je me hâte d'ajouter que le caissier, qu'on avait négligé de prévenir, le paya sans effectuer de retenue ; ce qui fut d'autant plus facile que son intérimaire, M. Polvent, ancien journaliste, depuis régulièrement attaché au *Réveil*, avait été emprunté au personnel de la mairie.

C'est égal, quand je raconterai celle-là à Paris, on aura de la peine à me croire...

La composition avait, elle, d'autres causes de mécontentement.

Le metteur en pages, M. Gombert, n'embêtait certes pas ses hommes, mais les comptes de semaine n'étaient pas toujours intégralement payés. Or, comme un samedi M. Welhof avait refusé de régler certains travaux supplémentaires, la justification présentée ne lui paraissant pas suffisante, les typos décidèrent qu'ils abandonneraient le travail tous les matins à deux heures.

M. Gombert me prévint et je pris mes mesures pour ne pas trop souffrir de la grève ; elle dura dix jours pendant lesquels je pus constater combien ces hommes qui défendaient leur pain, en somme, étaient raisonnables.

Pouvant laisser *Le Rêve* ... plan — ce qui en aurait suspendu la publication, ils travaillaient jusqu'au moment où il devait être fini ; et, quand il m'est arrivé de recevoir, après deux heures, une dépêche importante, j'ai toujours trouvé parmi les retardataires, un typo obligeant pour la composer.

Un seul incident se produisit : M. Siauve se trouvant

encore au journal, une nuit où les grévistes se disposaient à partir, les menaça, s'ils ne restaient pas, d'envoyer chercher les typos du *Progrès*. Nullement émus, ils répondirent que leurs camarades refuseraient de les remplacer.

Je me bornai, moi, à savourer silencieusement le spectacle de la solidarité ouvrière rappelée ainsi au rédacteur en chef de l'organe du Parti.

Peu de temps après, un journal bourgeois. *La Dépêche*, annonçait qu'une retraite minimum de 365 francs était assurée à son personnel et *Le Réveil*, par la plume de M. Ghesquière, conseiller général, adjoint au maire de Lille, voyait là une occasion de lui dire des choses désagréables !

LES ÉLECTIONS CANTONALES

Au Cateau, à Lille, à Roubaix. — Succés et revers

Les élections cantonales avaient été fixées, pour toute la France, au 31 juillet.

Déjà, le 19 juin, des élections partielles au Conseil général avaient eu lieu au Cateau et à Lille Nord-Est.

Le canton du Cateau dépend de la 2me circonscription de Cambrai où M. Rassel, soutenu par *Le Réveil*, son obligé pécuniairement, avait été candidat malgré M. Guesde qui aurait voulu donner l'investiture à son vieil ami, M. Farjat. M. Morcrette-Ledieu avait été élu à une majorité d'une vingtaine de voix et on espéra obtenir son invalidation ; mais, le dossier qui contenait des histoires de bulletins contestables et de faits de pression plus ou moins établis, ne parut pas suffisant aux députés du Parti eux-mêmes qui refusèrent d'intervenir — ce qui leur a valu un blâme au Congrès fédéral de Denain, tenu le 28 août.

Dans le canton même du Cateau, M. Rassel qui, là comme dans toute la circonscription, s'était bien gardé de développer un programme social qu'on aurait peu goûté, l'avait emporté de 600 voix environ.

On pensa, à Lille, qu'il fallait envoyer quelqu'un pour soutenir la lutte et, sans même daigner consulter M. Rassel, on désigna comme candidat M. Siauve parce qu'il pouvait, pensait-on, tout à la fois abandonner ses fonctions pendant quelques semaines et prendre à sa charge une partie des frais de la campagne.

Le rédacteur en chef du *Réveil* vit là une excellente occasion de faire de la propagande et partit, mais il échoua lamentablement au premier tour; la veille du ballottage, il se désista en faveur du radical, fut peu suivi par ses électeurs, mais put, pourtant, faire triompher son protégé apparent.

A Lille, où il s'agissait surtout de prendre une revanche des élections législatives, on estima qu'un échec de plus ne changerait pas grand'chose à la situation politique, tandis qu'un succès pouvait relever les courages abattus: on jeta donc dans la mêlée celui qui avait le plus de chances de réussite, c'est-à-dire le maire qui, de par ses fonctions, a de l'influence parce qu'il peut rendre service à des électeurs, à des quartiers, à un canton.

Du reste, M. Delory personnellement n'a pas soulevé de haines parmi ses administrés, évitant avec soin les responsabilités et ne se préoccupant que de maintenir sa situation qu'il saura défendre, le cas échéant, contre M. Delesalle lui-même, et son indemnité que lui envient vainement M. Dupied et les autres adjoints du Parti.

M. Delory fut élu, au ballottage, grâce aux voix des radicaux qui reconnaissaient ainsi le désistement *in extremis* de M. Siauve au Cateau, mais grâce surtout à la division des anti-collectivistes.

L'élaboration de la liste des candidats en vue du scrutin du 31 juillet donna lieu à de vives discussions, à des scènes de pugilat même.

Sauf M. Delesalle, qui fut désigné pour un canton sacrifié, Lille-Nord, où se trouvent ses maisons de commerce et où il avait déjà été battu, tous les candidats au Conseil général et au Conseil d'arrondissement furent des travailleurs manuels.

Une coalition s'était formée qui voulait substituer un autre candidat du Parti à M. Devernay, ouvrier typographe au *Réveil*, conseiller général sortant du canton de Lille-Sud ; cette coalition comprenait, avec quelques ouvriers qui se croyaient des chances, de supplanter mon ancien collaborateur, les redingottistes — aspirants candidats par nature — et la famille Ghesquière.

M. Henri Ghesquière, conseiller général, adjoint au maire, est le chef de sa famille — j'allais dire de sa dynastie ; ses nombreux frères, eux aussi aspirants candidats, n'avaient pas pardonné à M. Devernay les prétentions qu'il afficha, aux élections législatives, de se présenter dans la deuxième circonscription que leur aîné obtint à grand'peine.

Donc, envieux, redingottistes et Ghesquièristes s'unirent pour tomber M. Devernay soutenu par ses frères (lui aussi a des frères), son beau-frère M. Delory et ses amis dévoués les ouvriers de son canton de Moulins-Lille; ils lui reprochèrent la violence de son langage au sein de l'assemblée départementale , sa tenue négligée et la facilité avec laquelle il absorbait des verres dans les estaminets.

Ces accusations étaient peut-être fondées ; mais, ceux qui les lançaient voyaient la paille dans l'œil du gêneur pour oublier la poutre qui les aveuglait.

M. Devernay fut choisi malgré tout ; ses violences furent appelées énergie, le négligé de sa tenue fut considéré comme un laisser-aller démocratique et sa tendance à lever le coude transporta d'aise ses juges qui allèrent dare-dare se faire payer des tournées à l'estaminet que tient sa femme.

La campagne recommença comme aux élections législatives, et *Le Réveil* donna encore le spectacle ridicule de numéros remplis à demi par des comptes-rendus de réunions où les mêmes choses étaient ressassées de la même façon.

Au premier tour furent élus, pour Lille, deux anti-collectivistes sortants, républicains libéraux, MM. Scrive et Vandame ; au second tour, l'emportèrent M. Devernay et M. Danchin, républicain de gouvernement, qui fut assuré du succès dès l'instant où son concurrent radical du premier tour, M. Fanyau, refusa l'offre que lui faisaient les collectivistes de voter pour lui qui pourtant avait eu moins de voix que leur candidat.

A Roubaix, la lutte n'avait pas eu, tant s'en faut, le caractère d'acuité qu'on avait constaté pendant la campagne précédente. M. Guesde avait été prié, discrètement, de ne pas se déranger, on sentait le découragement. Or, des deux représentants officiels du Parti Ouvrier, l'un M. Catrice, administrateur de *L'Égalité*, était même d'avis qu'il valait mieux ne pas combattre et réserver les ressources dont on pouvait disposer pour les élections municipales; l'autre, M. Bailleul, rédacteur au même journal, étant d'un avis contraire, accepta d'être candidat au conseil d'arrondissement.

Le Parti Ouvrier fut encore une fois battu; l'Union Sociale et Patriotique retrouvant, à quelques voix près, sa majorité du 8 mai, fit passer ses candidats, MM. Roussel, Hazebrouck, Chatteleyn et Duthoit.

LA MUNICIPALITÉ DE ROUBAIX

Pourquoi le Conseil municipal de Roubaix n'a pas démissionné — Le Secrétaire de la mairie et le rédacteur en chef du RÉVEIL-ÉGALITÉ

Déjà, après les élections législatives, les collectivistes de Roubaix vaincus, écrasés pourrait-on dire, s'étaient demandé s'ils n'abandonneraient pas la mairie; de tous côtés des démissions se produisaient et les conseillers municipaux socialistes de Calais avaient annoncé, eux-mêmes, qu'ils se retireraient.

Il n'y avait plus, semblait-il, qu'à suivre ces exemples d'ennemis ou d'amis.

Mais, la municipalité ne partagea pas la manière de voir des ouvriers qui l'avaient élue et voulut rester quand même, prétendant que l'élection de M. Motte était une surprise, que la population s'était déjà ressaisie et que les élections cantonales prochaines seraient l'occasion d'une éclatante revanche.

Aussi, quand se produisirent les nouvelles déceptions, attendit-on dans tous les milieux, à Roubaix, la démission du conseil municipal.

Le Parti Ouvrier, dans son ensemble, paraissait résolu à céder la place à l'Union Sociale et Patriotique et, M. Bailleul ne cessait de répéter, dans les groupes, que le Parti retirerait, dans un avenir prochain, un grand bénéfice de cette attitude correcte.

Un vœu, dans ce sens, fut sur sa proposition, voté par le Comité exécutif et la Commission électorale, c'est-à-dire par les militants qualifiés pour donner des indications et même des ordres : la municipalité fit la sourde oreille.

Les conseillers municipaux du Parti Ouvrier, presque tous cabaretiers, ne voulurent pas démissionner afin de conserver ces clients d'occasion, les meilleurs, qui viennent les voir à cause de leur mandat ; et, M. Carrette qui avait à perdre, en outre, son indemnité de maire, se cramponna plus encore que ses collègues.

Mais, comme de tous côtés on murmurait et que l'indignation pouvait, d'un moment à l'autre, les balayer, on se préoccupa de calmer les uns et de convaincre les autres ; M. Chabrouillaud, secrétaire de la mairie, s'en chargea.

Il était certain, lui, en cas de démission de M. Carrette, de perdre de beaux appointements ; aussi, supplia-t-il M. Siauve qui l'avait fait venir à Roubaix, de l'aider à conserver sa situation.

Le rédacteur en chef du *Réveil-Égalité* qui, à côté de petits travers (chacun a les siens), a des qualités de cœur, se dévoua pour son compatriote et ami.

Aux chefs du Parti il dit, avec un ton de confidence :

— Si la municipalité de Roubaix démissionne, celle de Lille, battue aussi, devra démissionner ; voyez les conséquences.....

A la foule des lecteurs, il écrivit dans son journal :

« Quand on a été envoyé à un poste de combat, on ne déserte pas. »

On aurait pu lui répondre que la municipalité de Lille n'était pas, à beaucoup près, dans la même situation que celle de Roubaix, et, d'autre part, que ceux qui avaient placé en sentinelle M. Carrette et ses conseillers; les avaient relevés de leur faction.

Mais, l'émotion se calma peu à peu et il fut décidé que la municipalité resterait..... provisoirement ; dans trois mois, une nouvelle réunion du Parti décidera, d'une façon définitive, ce qu'il y a lieu de faire.

Espérons que M. Bailleul, devenu cabaretier à son tour, n'aura pas modifié sa manière de voir.

LA SOCIÉTÉ DE LA " PRESSE POPULAIRE "

La note du " Socialiste " et " Le Réveil " Main-Mise de la Juiverie sur le Parti Ouvrier français — Mon Départ

Si Roubaix ne parut plus se passionner autant pour les questions de politique locale, c'est que là, comme à Lille, comme dans toutes les communes de France, on suivait anxieusement les événements qui se déroulaient à Paris.

M. Méline s'était retiré à la suite de votes contradictoires émis par la nouvelle chambre, et le Président de la République était parvenu, péniblement, à constituer le ministère Brisson.

Ce cabinet, composé de radicaux qui prenaient l'engagement curieux de ne pas appliquer leur programme, fut considéré comme nettement anti-dreyfusard à cause du titulaire du portefeuille de la guerre, M. Cavaignac, dont on connaissait la loyauté, le patriotisme et l'énergie.

Ce dernier, dans un discours devant le Parlement qui eut un retentissement immense, déclara s'incliner devant l'autorité de la chose jugée, vengea l'armée des outrages qu'une certaine presse déversait journellement sur elle et cria sa conviction absolue dans la culpabilité de

Dreyfus ; M. Fournière essaya vainement, le lendemain, de rouvrir le débat...

Les élus du Parti Ouvrier qui, dans cette circonstance, avaient refusé de soutenir leur collègue socialiste, furent violemment pris à partie par les journaux juifs et par d'autres feuilles qui défendent la cause du traître comme elles pourraient défendre une émission financière.

Les journaux indépendants et honnêtes — *Le Progrès* fut de ceux-là — s'inclinèrent tous, au contraire, et il sembla que la France avait, pour ce jour, retrouvé son unité morale.

C'est alors que parut dans le *Socialiste*, organe officiel du Parti Ouvrier, une note émanant du Conseil National qui invitait les camarades à ne pas s'attarder à la question Dreyfus — d'autres, plus importantes, devant les préoccuper.

Le *Réveil* qui, après le discours de M. Cavaignac, s'était réservé, eût dû, semble-t-il, en prenant nettement position dans le sens qui lui était indiqué, suivre l'attitude de ses meilleurs amis qu'approuvaient d'autres socialistes ne dépendant d'aucun groupement, tels que les Millerand et les Viviani ; mais, le rédacteur en chef louvoya et, malgré les instances de M. Guesde, ne signala la note du *Socialiste* que pour répondre à l'article de l'*Echo du Nord* qui l'avait commentée.

Certes, M. Siauve devait avoir un motif bien plausible pour résister ainsi au Maître du collectivisme, à celui qui l'avait fait venir dans le Nord.

En effet, le journal avait à jamais aliéné son indépendance, il cessait d'être l'organe d'un parti luttant pour le triomphe d'une idée généreuse, pour un idéal plus ou moins réalisable ; il n'était plus qu'une feuille quelconque, arme entre les mains de financiers en quête de gros bénéfices à réaliser.

La commandite, depuis si longtemps attendue et dont M. Hennequin avait prévu l'origine sémite, était enfin arrivée, fournie par une bande de juifs qui avaient constituée la *Société de la Presse Populaire* avec un Conseil d'administration composé d'hommes de paille et M. Chabrouillaud comme administrateur délégué.

Ces juifs, maîtres de la compagnie des tramways électriques Franck, de Lyon, avaient, en effet, envoyé dans le Nord un agent, M. Martinet, avec mission de leur rendre favorables les municipalités de Lille et de Roubaix où des concessions leur avaient été accordées, mais où certaines formalités restaient encore à remplir.

M. Martinet, ancien homme d'affaires dont le nez trahit la race, très *à la coule* par conséquent (qu'on me passe l'expression), fit comprendre à ses mandants qu'en commanditant le *Réveil-Égalité* ils pourraient tout obtenir des municipalités collectivistes défendues par ce journal: les dernières signatures, toutes les facilités désirables au moment de la construction des lignes et d'autres concessions pour compléter le réseau.

Mais, ces juifs qui avaient de gros intérêts dans l'agence Zucca de Paris, envoyèrent pour représenter cette société, à Lille, un ancien journaliste devenu chercheur d'annonces, M. Lardière, qui se défend d'être juif, malgré son prénom de David.

Ce dernier ne perdit pas son temps; il obtint de la municipalité de Roubaix et se vit à la veille d'obtenir de la municipalité de Lille, pour l'agence Zucca, la concession exclusive de la publicité sur les becs de gaz communaux au prix dérisoire de 2 francs par bec et par an.

Hâtons-nous d'ajouter que la société reconnaissante afferma, quelques jours après, la quatrième page du *Réveil-Égalité* moyennant une redevance annuelle de 48.000 fr. — page dont la publicité mensuelle n'avait jamais dépassé 3.000 francs.

Ce que les juifs ont fait dans le Nord, ils tentent en ce moment de le faire à Bordeaux, Lyon, Marseille, en un mot, dans toutes les régions où, en commanditant les journaux, ils peuvent espérer tenir à leur merci les municipalités collectivistes: **C'est une véritable mainmise qui se prépare de la Juiverie sur tout le Parti Ouvrier français.**

Mais ces sémites, tranquilles à Lille et à Roubaix au point de vue de leurs intérêts, ne devaient pas perdre de vue l'affaire Dreyfus qui passionne leurs coreligionnaires du monde entier; ils intervinrent — d'où l'attitude du *Réveil*.

Avec la nouvelle administration et l'esprit qu'elle apportait, je devenais gênant; car, moi restant secrétaire de la rédaction, le journal ne pouvait publier de ces informations tendancielles dont j'ai déjà parlé : comme la fuite d'Esterhazy ou autres événements sensationnels aussi peu établis.

Je reçus donc, le 12 août, une lettre de congé où M. Siauve, après quelques mots aimables, daignait ajouter comme explication : « Vous n'avez d'autre tort que d'ignorer notre milieu. »

Les observations que j'ai pu réunir ici prouvent que je connaissais le milieu ; mais, ce que j'ignorais c'était l'art de m'y plier.

Il avait été convenu que je resterais jusqu'à la fin du mois ; or, avant cette date, mon impartialité fut mise à l'épreuve à l'occasion de la session des conseils généraux.

L'assemblée départementale de la Charente-Inférieure avait voté, la première, un vœu anti-dreyfusard sur la proposition de M. Déroulède ; ce vœu que j'avais relaté, comme c'était mon devoir, le rédacteur en chef le supprima, estimant que les lecteurs du *Réveil* devaient l'ignorer.

Toute collaboration devenait impossible ; aussi, je reçus le lendemain une deuxième lettre, moins aimable celle-là, m'avisant que j'étais remplacé.

CE QU'EST DEVENU "LE RÉVEIL DU NORD"

La question juive — Le congrès de Montluçon

Mes camarades, sur l'initiative même du rédacteur en chef, avaient résolu de m'offrir un punch ; mais, comme j'envoyai à M. Delesalle une lettre un peu froide, M. Siauve me jugea compromettant et il ne fut plus question de la petite manifestation de sympathie.

Le punch, qui devait nous réunir tous, fut remplacé par un banquet auquel je ne pouvais assister et qui avait pour but d' « arroser » la commandite.

Au dessert, de nombreux toasts furent portés :

M. Siauve, qui ne figure ni dans le Conseil d'administration ni dans le Comité de direction, montra quelque aigreur; quant à M. Devraigne, l'ami et protégé de M. Welhoff, il proposa l'envoi à M. Jaurès d'une adresse ultra-dreyfusarde.

Cette proposition, qui ne trouva pas d'écho parmi les convives, peu au courant des dessous, arrivait à son heure et marquait bien l'orientation du *Réveil*.

On a pu constater, en effet, que depuis la nouvelle direction, le journal de la Cie Franck et de l'Agence Zucca pourrait en remontrer, au point de vue sémite, à son confrère *Les Archives Israélites*.

Ainsi, dans le numéro du 14 septembre, on pouvait lire à la troisième page, à l'occasion d'une inscription trouvée paraît-il dans un urinoir (!) — inscription dont aucun parti ne pouvait être rendu responsable et qu'il n'y avait pas lieu de relever :

Depuis l'abbé de Citeaux, les catholiques n'ont pas changé! Ils ont simplement modifié leurs armes et remplacé la coutelmarde des assassins à la solde d'Innocent III par le flingot de Galliffet.

Avant *l'adhésion* de l'ancien député de la 3e circonscription de Lille, *Le Réveil* eût écrit au lieu de « Galliffet » « d'un sous-Galliffet, d'un colonel Sever. »

Le lendemain, 15 septembre, nouvel article pour défendre les juifs, ainsi annoncé dans le sommaire :

Les cléricaux Lillois prennent texte de l'affaire Dreyfus pour faire appel à la révolution.

Le 16 septembre, *Le Réveil* reparle des affiches que personne ne voit du reste :

Les antisémistes, écrit-il en première colonne de la première page, continuent à placarder des affiches excitant à la haine des races.

Mais, cette question qui prenait tant d'importance depuis la constitution de la nouvelle société, était traitée par M. Siauve lui-même dans un bulletin qui avait pour titre; « Le Congrès de Montluçon »

Ainsi que nous l'avons annoncé, écrivait-il, le quinzième Congrès National du Parti Ouvrier français se tiendra les 17, 18, 19 et 20 septembre à Montluçon.
Il est bon qu'une résolution nouvelle soit prise au moment où la ques-

tion juive est posée avec plus de passion que jamais ; il est bon qu'avec autorité, on fasse savoir aux travailleurs qu'ils n'ont rien à faire dans les luttes de religions et de races, allumées et entretenues par des énergumènes ou par des ambitieux ; il est bon, pour tout dire, que nos troupes sachent bien que le seul terrain où elles peuvent se mouvoir, agir et vaincre, est celui de la lutte des classes.

Le Réveil pouvait se croire, après cela, complètement dégagé vis à vis de ses commanditaires, qui en avaient certes pour leur argent ; pourtant, le 17 septembre, parut une chronique : « Le Prolétariat Juif », où étaient exaltées les qualités de race de gens d'autant plus méprisés généralement qu'ils se trouvent plus nombreux, c'est-à-dire qu'ils peuvent d'avantage faire sentir leur influence.

La fin est à citer :

Jaloux des lauriers des Max Régis, ils (ceux qui mettent des inscriptions dans les urinoirs) rêvent de faire des Flandres une petite Algérie et, déjà se voient brisant les devantures des magasins lillois, pillant, brûlant ou volant les marchandises, assassinant les vieilles femmes (!) et les jeunes filles (!!)

Brrr......

Le congrès de Montluçon, enfin, s'est posé en champion des juifs, dans sa séance du 19 septembre, et a résolu de combattre l'antisémitisme « doctrine monstrueuse, dit *Le Réveil*, sous la signature de M. Devraigne, qui a pour but de détourner le prolétariat de son idéal d'affranchissement intégral dans une misérable lutte de race et de religion ».

Dans cette même séance, les délégués du Parti Ouvrier ont déclaré que le nationalisme est « non seulement le dernier mot de la duperie, mais encore et surtout le dernier mot de l'imbécillité », — déclaration suivie, le 21, à Lille, d'un attentat contre deux officiers.

Voilà donc bien établie la voie dans laquelle les membres du Parti Ouvrier français sont poussés par leurs chefs.

Leur organe, dans le Nord, ne peut pas suivre une voie différente, on le sait.

La Société de la *Presse Populaire*, en effet, a constitué, je l'ai dit, un conseil d'administration avec des hommes de paille, notoirement incapables de verser le moindre argent ; tels que MM. Chabrouillaud, jadis avocat à Limoges, aujourd'hui secrétaire de mairie à Roubaix, le colonel Sever qui se plaignait (le pôvre), dans une réunion publique, de manquer du plus strict nécessaire, Martinet, etc.

Le maître, là-dedans, c'est évidemment M. Martinet parce que, représentant les capitalistes juifs, il peut, si ses collègues lui résistent, les remplacer dans la prochaine assemblée générale des actionnaires ; et, il sait tellement bien qu'on doit lui obéir, qu'il traite du haut en bas tous ceux qui appartiennent au *Réveil* et menace de faire table rase.

Tiendra-t-il tout ce qu'il promet? je ne sais. Quoiqu'il en soit, mon départ a été suivi de celui du metteur en pages, M. Gombert, devenu simple typo à l'équipe.

M. Gombert avait, certes, des défauts professionnels à côté de qualités incontestables ; mais on lui en voulait de son indépendance, de l'ardeur avec laquelle il avait toujours pris la défense de ses hommes qu'on veut frapper, avançant son argent pour les payer quand l'administration ne pouvait ou ne voulait pas ; on ne s'est pas souvenu qu'il était au *Réveil* depuis la fondation et qu'il avait rendu, il y a quelques mois à peine, au journal un de ces services qu'on n'a pas le droit d'oublier.

M. Catrice, administrateur de *L'Egalité* a été, lui aussi, remplacé.

A défaut d'autres renvois, un nouveau rédacteur est arrivé, M. Polvent, déjà nommé, célèbre dans toute la région par le journal qu'il rédigeait à Dunkerque et dont les si nombreux articles diffamatoires lui ont valu de longs mois de prison.

Ce n'est pas lui, certes, à moins qu'il ne se soit amendé, qui refusera jamais les articles pleins de fiel chers à M. Delesalle....

Allons ! il y a encore de beaux jours pour le Jésuite Rouge et pour les amateurs de ponnes bedides affaires... à moins que le peuple ne se décide à y voir clair enfin, et refuse de marcher plus longtemps derrière la bande qui compte, comme bel ornement, le juif-dreyfusard Isaac, sous-préfet de tragique souvenir.

LILLE. — IMPRIMERIE VICTOR DUCOULOMBIER.

ORIGINAL EN COULEUR

NF Z 43-120-8

TABLE DES MATIÈRES

www.ingramcontent.com/pod-product-compliance
Lightning Source LLC
Chambersburg PA
CBHW061716060726
47597CB00006B/2401